L'ÉGLISE

DE

SAINT-NECTAIRE

PAR

Henry DU RANQUET

CAEN

HENRI DELESQUES, IMPRIMEUR-ÉDITEUR

RUE FROIDE, 2 ET 4

—

1898

L'ÉGLISE

DE

SAINT-NECTAIRE

PAR

Henry DU RANQUET

CAEN

HENRI DELESQUES, IMPRIMEUR-ÉDITEUR

RUE FROIDE, 2 ET 4

—

1898

Extrait du Compte-rendu du LXIIe Congrès archéologique de France

Tenu en 1895, à Clermont-Ferrand

L'ÉGLISE

DE

SAINT-NECTAIRE

Saint-Nectaire, commune de l'arrondissement d'Issoire (27 kil.) et du canton de Champeix (14 kil.), faisait anciennement partie de l'élection de Clermont, de la subdivision de Besse et ressortissait de la justice de Riom (1). Au point de vue ecclésiastique, cette paroisse était comme aujourd'hui du diocèse de Clermont, dépendait de l'archiprêtré de Merdogne et son prieuré relevait de l'abbaye de la Chaise-Dieu (2).

Sous les Gaulois, Saint-Nectaire, ou plutôt le Mont-Cornadore, était déjà un lieu renommé et très fréquenté. Ses sites sauvages avaient su plaire par leurs solitudes profondes aux druides, qui avaient

(1) *Calendrier d'Auvergne pour l'année 1762*, p. 232.
(2) *Id.*, p. 9.

élevé un peu de tous côtés ces allées couvertes et ces dolmens que nous voyons encore. Plus tard, attirés par la merveilleuse efficacité de ses eaux abondantes, qui sourdent partout, de toutes les fissures de ses rochers, les vainqueurs du monde étaient venus s'établir dans cette pittoresque vallée, et de cette occupation, les restes nombreux de leurs anciens thermes sont des témoins encore debout et incontestables. Le nom primitif de Mont-Cornadore, les habitants de cette localité le changèrent dans la suite en celui de Saint-Nectaire, par reconnaissance et vénération pour le grand saint qui était venu leur apporter l'Évangile. Peu après l'établissement de cet apôtre dans le pays, et autour de la retraite qu'il s'était construite un peu plus haut que les thermes romains, se groupèrent des habitations. Elles devinrent bientôt le siège d'un important prieuré, qui dépendit plus tard de la Chaise-Dieu, et d'une puissante seigneurie, qui releva dans la suite du comté d'Auvergne.

Son formidable château, si fièrement campé sur ce promontoire de trachyte qui, s'avançant abrupt et à pic sur la vallée, semble en vouloir barrer le chemin, a été le berceau d'une des premières familles d'Auvergne, connue dans l'histoire de France sous les noms de *Saint-Nectaire*, *Sainectère*, *puis Sennectère*, *Sénectère et Sennéterre ou Senneterre*. D'après Savaron, un de ses membres aurait été évêque d'Autun en 549, mais, sans remonter si loin, l'histoire nous cite un Étienne de Saint-Nectaire dès 1040, et, à partir de cette époque, la filiation de cette famille est établie sur pièces authentiques. Ce fut vers 1596 que, pour la première fois, Henri de Saint-Nectaire, ayant hérité de son aïeule, Marguerite d'Estampes, du marquisat de la Ferté-Nabert, fit précéder son nom de celui de la Ferté, et à partir de ce moment, la famille porta le nom de la Ferté-Sénectaire. En 1688, une petite-fille d'Henri ayant épousé Louis de Croussol ou Crussol, la terre de Saint-Nectaire passa dans la famille de celui-ci, qui la vendit, vers 1760, à Monseigneur Le Maistre de la Garlaye, évêque de Clermont. Les héritiers de ce dernier la revendirent en 1779 au chevalier Jean-Louis-Gabriel-Michel de Guérin, sur qui elle fut prise lors de la confiscation des biens d'émigrés et vendue nationalement. Le château fut saccagé et brûlé, et après la Révolution, les quelques pans de murs qui avaient résisté au feu, n'ayant pu trouvé acquéreur, firent retour, sans aucune terre l'accompagnant, à leur ancien possesseur, Michel de Guérin. Ses héritiers vendirent ces restes informes pour le moëllon, vers 1820.

Les Saint-Nectaire portaient: *d'azur à cinq fusées d'argent accolées en fasce.* Certains prétendent que ce blason est l'interprétation du nom de Saint-Nectaire (cinq nectères) (1).

Dans l'enceinte de ce château et au sud étaient comprises l'église et la maison prieurale adossée au mur méridional de celle-ci. Cette église servait aux moines et était en même temps paroissiale ; primitivement c'était le prieur qui, aidé de ses religieux, y exerçait la charge de curé, mais, après le concile de Clermont interdisant aux moines de remplir les fonctions curiales, le prieur se fit remplacer par un

(1) L'abbé Forestier : *Église et paroisse de Saint-Nectaire*, p. 188.

vicaire perpétuel dont la nomination appartenait à l'évêque de Clermont, sur la présentation du lieu (1).

De ce fier château qui étendait au loin sa puissante protection, de ce prieuré rendu célèbre par la sainteté de ses fondateurs (2), rien n'a pu résister à la tourmente révolutionnaire ; seule l'église est restée debout, dominant tout le pays de sa splendeur et portant bien haut la croix, étendard de Celui qui ne saurait périr.

La date d'édification de cette église, aucun document certain ne nous la donne. Aussi, pour elle, comme pour la plupart de nos églises romanes d'Auvergne, en sommes-nous réduits à des probabilités, et c'est le monument lui-même que nous sommes obligés de venir interroger. C'est à son architecture, c'est à ses pierres, à ses chapiteaux et à ses différents modes de structure que nous devons arracher le secret de l'époque de sa construction.

L'édifice est bien orienté, d'un roman très pur, et nous présente comme plan, une vraie croix latine, composée d'un narthex, accompagné de deux tours carrées qui font saillie à l'extérieur sur les murs latéraux, de trois nefs séparées entre elles par de grosses colonnes monocylindriques, d'un transept, dans lequel s'ouvrent à l'est deux chapelles en cul-de-four, et d'un chœur avec déambulatoire et trois chapelles rayonnantes.

La longueur totale de l'église est de 38^{m} à l'intérieur et sa largeur de 11^{m}. La longueur de la nef transversale, formant la croix, est de 21^{m}30, et l'élé-

(1) L'abbé Forestier, p. 85, et Archives du Puy.

(2) Saint Nectaire, saint Baudime et saint Auditeux.

vation de la coupole au-dessus du pavé de l'inter-transept est de 20^{m} (1).

La porte principale, à l'ouest, donne entrée dans un narthex voûté d'arête. Il comprend toute la largeur de l'église et communique avec elle par trois arcs en plein cintre, correspondant à ses trois nefs et dont la retombée est reçue sur deux robustes piliers cantonnés de quatre colonnes. En entrant dans l'église, on est tout d'abord frappé de la lourdeur et de l'épaisseur que présentent ces appuis, surtout comparativement aux autres soutiens du monument; mais, si on réfléchit qu'ils supportent à eux seuls tout le poids des deux tours massives de la façade, l'on comprendra facilement la nécessité de cette solidité que le maître d'œuvre s'est appliqué à leur donner. Le porche intérieur est surmonté d'une tribune ouvrant sur la grande nef par une arcature romane, composée de trois arceaux séparés entre eux par deux colonnes, et plus haut se superpose encore un grand arc en plein cintre, ce qui permet à la fenêtre s'ouvrant à l'ouest dans la tribune d'envoyer aisément la lumière jusque dans le vaisseau même de l'édifice.

La nef principale est séparée des deux autres par deux rangées de trois grosses colonnes monocylindriques. Ces dernières portent quatre arceaux en plein cintre faisant communiquer les nefs entre elles et les divisant en quatre travées. La nef centrale a une voûte plein cintre d'une seule venue, tandis que les bas-côtés sont recouverts de compartiments d'arête

(1) Ces mesures sont tirées de *L'Église et la Paroisse de Saint-Nectaire*, par M. l'abbé Forestier, curé de Saint-Nectaire.

séparés par des doubleaux en plein cintre; mais, chose à remarquer et qui est spéciale à nos églises d'Auvergne, ces compartiments d'arête, tout en surmontant des travées oblongues, restent carrés et, pour ce faire, la retombée de leurs arêtes du côté intérieur va se confondre avec celle des arcs séparatifs des nefs, pendant que, du côté extérieur, elles s'appuyent sur une petite imposte appliquée aux murs nord et sud, un peu en avant et à la hauteur des tailloirs de chapiteaux recevant les doubleaux. Ceux-ci, d'un côté, partent des chapiteaux des grosses colonnes dont nous avons déjà parlé, et de l'autre vont retomber sur des demi-colonnes accolées aux murs et d'un diamètre beaucoup moindre. Ces dernières reposent sur une espèce de mur en bahut peu élevé qui, se poursuivant sur tout le pourtour de l'église, forme comme un banc sur lequel pouvaient venir s'asseoir les fidèles. Chaque travée des collatéraux est éclairée par une baie en plein cintre; cependant, dans la troisième, s'ouvre au nord et au sud, à la place de la fenêtre, une porte que nous reverrons plus bas.

Au-dessus des basses nefs sont les larges tribunes d'un triforium dont les voûtes en quart de cercle contrebuttent le berceau de la nef centrale. Des arcs-doubleaux en plein cintre, correspondant à ceux du rez-de-chaussée, les divisent en travées et soutiennent leurs voûtes. Ces tribunes s'ouvrent sur la grande nef, de chaque côté, par quatre groupes de deux baies en plein cintre séparées entre elles par une colonne romane. Chaque groupe correspond à une des travées de l'église. Au côté du nord, celui qui est le plus rapproché du transept a ses arcs plus étroits et plus bas que ses congénères, et là, notre travée du triforium, au lieu d'être voutée en quart de cercle, est recouverte d'une coupole octogonale sur trompe. Nous ne comprendrions pas cette particularité, que rien à l'intérieur ne vient expliquer, si nous ne savions que derrière la voussure orientale de cette coupole est un passage contenant des degrés montant au clocher central. C'est pour réserver ce passage que le maître d'œuvre a voûté ainsi cette travée, et c'est pour permettre la construction de ce système de voûte, qu'il a fait là, beaucoup plus petites, les baies donnant sur la nef. Avec un quart de cercle, en effet, il n'aurait plus eu la place de loger son escalier, au lieu que la voussure de la coupole laisse derrière elle un passage bien étroit, il est vrai, mais suffisant pour permettre d'atteindre et de loger les degrés du clocher. Mais une coupole devait nécessairement, par sa naissance, boucher la partie haute des baies sur la nef, il a donc amoindri ces ouvertures. Le constructeur de l'église d'Issoire avait déjà, pour loger son escalier de la tour centrale, pris le même moyen. Là, il est vrai, l'escalier et la coupole ont disparu, mais restent encore, comme témoins de leur existence, les quatre petites trompes qui soutenaient cette dernière, et plusieurs membres du Congrès les ont remarquées sans pouvoir s'expliquer la présence d'une coupole à cet endroit. A Issoire, on a mieux fait qu'à Saint-Nectaire ; pour garder la symétrie, à la galerie méridionale, on a donné aux baies de la travée correspondante les mêmes dimensions qu'au nord ; tandis qu'à Saint-Nectaire, à cette travée des tribunes, les ouvertures sur la grande nef sont beaucoup plus petites au nord qu'au sud. Enfin, à Notre-Dame-du-Port, qui, comme construction, doit être encore antérieure à Issoire ; dans cette dernière travée du triforium septentrional, ce n'est ni une voûte en quart de cercle, ni une coupole que nous avons, mais simplement un petit berceau en plein cintre dont l'axe court parallèlement à celui de l'église, et c'est entre la voussure sud de cette voûte et le mur nord de la grande nef qu'existe le passage aboutissant à l'ancien escalier de la tour centrale. Il s'ouvre par une petite porte basse, au-dessus de l'arc doubleau dans l'avant-dernière travée, et rencontre les premières marches de l'escalier vers le mur qui sépare le triforium du transept nord. Au-dessous de la naissance de cette voûte et de ce passage, les ouvertures donnant sur la nef sont forcément plus basses que dans les autres travées, et même là on n'a tenu aucun compte de la symétrie, les baies de la galerie du sud ne ressemblant en rien à celles du nord. A Saint-Nectaire, on accède à ces galeries du triforium par un escalier à vis placé dans la tour nord du narthex. Cet escalier, comme cela a lieu la plupart du temps dans nos églises et même dans nos châteaux jusqu'à la fin du XIVe siècle, a son noyau très gros en proportion de la largeur de ses marches.

L'intertransept est compris entre quatre piliers carrés et cantonnés de quatre colonnes qui soutiennent quatre grands arcs en plein cintre. Au-dessus de ceux-ci s'élèvent des murs droits ajourés chacun par deux baies en plein cintre, accouplées et séparées entre elles par une colonne romane. A l'est, il n'y a qu'une seule ouverture qui s'ouvre sur l'extérieur, tandis que, pour les autres côtés, ces baies donnent soit sur la grande nef, soit sur les bas-côtés de l'intertransept. A hauteur de l'extrados des cintres de ces fenêtres, à chaque angle du carré se trouve, reposant sur une assise placée en gousset, une petite niche en cul-de-four ou trompe, qui fait passer le plan carré à l'octogone; et enfin, au-dessus, s'élève une coupole octogonale. Rien dans cette calotte polygonale ne rappelle la coupole hémisphérique des Byzantins. Ni par sa construction si simple, ni par son ordonnance sur trompe et son plan octogone, elle ne ressemble à la coupole sur pendentifs des Orientaux, qui, par essence, est formée de deux coupoles superposées, et avec laquelle on voudrait souvent la confondre.

Les collatéraux de la nef se continuant pour aller contourner le chœur et former le déambulatoire, font à l'intertransept deux bas-côtés qui le séparent des bras de la croix. Mais là, ne soutenant plus de tribunes, ils portent très haut leurs voûtes en quart de cercle, qui vont ainsi contrebouter au sud et au nord la coupole centrale.

Puis arrivent les transepts; ils sont terminés au septentrion et au midi par des murs droits décorés de deux arcs en plein cintre, séparés par un arc en mitre. Quatre jolies colonnes romanes les soutiennent. Plus haut, au-dessus, est une fenêtre nue et sans ornements. Dans chaque bras, à l'est, s'ouvre une chapelle voûtée en cul-de-four. Elle est éclairée par une fenêtre romane, s'ouvrant sous un plein cintre porté par deux élégantes colonnes. J'oubliais de dire qu'au sud, une porte donne à l'extérieur, et qu'une autre porte percée dans le mur ouest du bras du midi donne accès à la sacristie.

Le chœur ne comprend qu'une travée inscrite

entre les deux piliers orientaux de l'intertransept et les deux premières colonnes monocylindriques de l'hémicycle. Celui-ci, formé de six colonnes isolées, renferme le sanctuaire, l'ancien *presbyterium*, l'emplacement au fond duquel s'élevait le siège du prieur, accompagné de chaque côté de ceux des religieux et formant ainsi un demi-cercle en arrière de l'autel. Ce dernier, alors simple table plate, était, en effet, avant le XIIIe siècle, placé beaucoup plus en avant sous l'arc triomphal ou même dans l'intertransept (1), où de toutes les parties de l'église on pouvait l'apercevoir et être ainsi témoin des Saints Mystères ; car l'officiant, pour offrir le Saint Sacrifice, était alors toujours tourné face au peuple (2). Ce chœur est éclairé par cinq fenêtres en plein cintre, ouvertes au-dessus des arcades de l'hémicycle. Celles-ci, pour que leurs intrados atteignent la hauteur de celui de l'arc plus grand qui s'ouvre de chaque côté de la travée du chœur proprement dit, sont surhaussées de deux parties droites placées sous leurs sommiers.

Le déambulatoire, où sont quatre fenêtres romanes, dessert trois chapelles rayonnantes. Celle du fond est dédiée à la Sainte Vierge. Chacune de ces chapelles est éclairée par trois baies, toujours en plein cintre, qui les inondent de lumière. Toutes les ouvertures du chœur, du déambulatoire et des chapelles sont accompagnées, à l'intérieur, de deux jolies colonnettes sur lesquelles vient reposer un arc en plein cintre. A toutes les colonnes de l'église les bases sont attiques et les tailloirs chanfreinés. Il est à

(1) (2) Mg[r] de Conny, prélat consulteur de la sacrée Congrégation des rites, *Bulletin monumental*, année 1877, p. 685 et suiv. — *La Messe*, par Rohault de Fleury, p. 768.

remarquer que les nefs de cet édifice sont séparées par des colonnes monocylindriques, et non par des piliers cantonnés de colonnes, comme cela a généralement lieu dans nos églises romanes d'Auvergne. Cette particularité, que notre église partage avec celle de Chauriat, a pour résultat de diminuer le nombre des chapiteaux, nombre qui cependant est encore grand, puisque nous en avons encore cent-dix-sept. Ils sont très variés et quelques-uns sont historiés ; nous allons tâcher de donner une courte description de ceux-ci avant de passer à l'extérieur du monument.

1° Sur le chapiteau d'une des colonnes engagées dans le mur méridional des nefs, nous voyons un grand personnage aux vêtements largement drapés et à la tête ornée d'un nimbe crucifère. C'est évidemment Notre-Seigneur. Il se trouve placé entre deux espèces de bassins dans l'un desquels un personnage plus petit met la main. Ce dernier est ailé et n'a pour tout vêtement qu'une étroite ceinture ne cachant en rien sa nudité. De sa figure grimaçante il regarde l'Homme-Dieu et semble lui adresser la parole. C'est Satan tentant le Christ; et, en arrière, cet ange, qui tient un encensoir, attend que le prince des ténèbres se soit retiré sur l'ordre de Jésus : *Vade Satana* (1), pour venir adorer son Dieu. Cette scène, nous l'avons à l'église de Notre-Dame-du-Port, où la sculpture dans sa reproduction se rapproche plus du récit de l'Évangile, car là Satan tient à la main et présente au Christ les pierres qu'il lui demande de changer en pain.

(1) Évangile selon saint Mathieu, cap. IV, v. 10.

2° Sur le dernier chapiteau appuyé au même mur avant d'arriver au transept, saint Michel terrasse le démon, que le sculpteur nous représente sous la forme d'un dragon. A côté, un autre ange couvert d'un bouclier au sommet arrondi, enfonce sa lance, qui plie sous l'effort, dans la bouche d'un être humain aux formes hideuses ; il le renverse et le foule sous ses pieds. Nous avons encore là un démon que le soldat de la milice céleste écrase et précipite dans l'abîme. C'est la reproduction de ce passage de l'Apocalypse : « *Et factum est prælium magnum in cælo : Michæl, et angeli ejus præliabantur cum dracone, et draco pugnabat, et angeli ejus : et non valuerunt, neque locus inventus est eorum amplius in cælo* (1) ».

3° Au chapiteau appliqué au pilier de l'intertransept au sud, on voit Jésus entouré d'une auréole. Il est assis sur un siège élevé et a l'air d'enseigner. Il donne ses conseils à ses apôtres qu'il va envoyer dans toutes les directions annoncer son Évangile. Il étend les mains pour bien marquer qu'il les bénit tous et qu'il les soutiendra partout où ils iront. Sur les deux autres faces de ce même chapiteau, pendant qu'un homme nu tend un arc, deux autres se disputent quelques javelots. L'imagier a voulu nous représenter là le monde idolâtre abandonné à toutes les passions et qui ne connaissait que la ruse et la force avant que la vraie religion ne lui fût enseignée.

4° Nous passons ensuite au premier chapiteau accolé au mur méridional après avoir traversé le transept. Deux personnages affrontés portent cha-

(1) Apocalypse de l'apôtre saint Jean, cap. XII, v. 7 et 8.

cun une brebis sur leurs épaules. Ils sont presque à genoux et ont les jambes nues. Au milieu, entre les deux, se voit une tête de lion, de la bouche de laquelle sortent deux tiges bifurquées, qui se terminent par une pomme de pin. C'est le Bon Pasteur qu'a voulu nous représenter le sculpteur. Il nous donne deux personnages venant d'une direction différente pour nous montrer que le divin pasteur va de tous côtés chercher ses chères brebis et les sauver des bêtes dévorantes représentées ici par la tête de lion.

5° Au chapiteau suivant, à l'angle, un personnage nu est assis sur des feuillages. Il a les mains appuyées sur ses genoux et ressemble beaucoup à un singe. Une corde est passée autour de son cou. Un autre personnage vêtu d'une jaquette, également assis sur des feuillages, tient à deux mains l'extrémité de la corde et la tire avec violence. Nous avons probablement là sous les yeux la représentation du vice. Il enlaidit l'âme et la rend tellement semblable à un animal qu'il faut la lier et la tenir avec force comme on ferait de celui-ci. L'artiste fait, peut-être encore, allusion aux peines que mérite le pécheur.

6° Sur le chapiteau suivant, Notre-Seigneur, couronné du nimbe crucifère, nous apparaît couvert d'un ample vêtement et portant une croix de résurrection. De sa main libre, il fait signe à un personnage juché sur un arbre. Celui-ci porte des vêtements colants et a les pieds chaussés ; c'est probablement Zachée qui, voulant voir passer Jésus, est grimpé dans le sycomore. Quatre autres personnages accompagnent Notre-Seigneur. Deux, aux cheveux longs et aux pieds nus, doivent être des Apôtres ; les deux autres sont chaussés et ont les cheveux courts, ils nous représentent évidemment les Juifs qui suivaient le Christ.

7° A la colonne qui se trouve au sud de l'ouverture des chapelles absidales, deux hommes nus sont à cheval sur deux monstres quadrupèdes affrontés dont la queue, revenant entre leurs pattes de derrière, remonte jusqu'à la main du cavalier, qui la soutient, et s'épanouit en riches feuillages. Les langues de ces monstres, après s'être entrelacées, se terminent aussi en beaux feuillages. Doit-on voir ici une simple fantaisie de l'imagier, ou ces monstres, domptés par l'homme, ne seraient-ils pas la figure des passions domptées par le Chrétien ? Ces langues s'entrelaçant nous représenteraient alors la luxure et cet épanouissement de fleurs et de feuillages nous montrerait les vertus en lesquelles se convertissent les passions sous le souffle chrétien.

8° Au chapiteau suivant, nous avons deux aigles, symboles de la puissance et de l'autorité.

9° Sur le neuvième chapiteau, nous trouvons deux personnages ailés placés presque horizontalement sur des feuillages. Ils tiennent chacun un bouclier, terminé en pointe dans le bas et au sommet franchement arrondi; au-dessus est une tête frustre. L'explication de cette scène nous échappe.

10° Sur le chapiteau surmontant la septième colonne appliquée au mur, une femme tient un enfant dans un berceau; un monstre quadrupède dont on ne reconnaît guère la nature, mais qui pourrait bien être un hippopotame, veut le dévorer. Au-dessus se voient deux autres monstres semblables. Enfin un personnage armé d'un bâton arrête ces bêtes cruelles. Évidemment nous avons là la représentation de la scène, racontée par la Bible, de Moïse sauvé des eaux par Thermutis, fille de Pharaon. Mais, quel est ce personnage qui, de son bâton écarte les monstres dévorants sortant du fleuve? Ne pourrait-on pas dire que c'est là la traduction de l'idée émise, au XIIe siècle, par Hugues de Saint-Victor? Cet enfant, ce Moïse sauvé des eaux, serait tout homme plongé dans le fleuve de la vie présente; la Grâce le tire de ce fleuve dangereux et l'adopte pour enfant de Dieu, comme Thermutis a adopté Moïse pour son enfant. Le troisième personnage, cet homme sauveur, serait Jésus-Christ qui, avec le bois, le bâton de sa croix, écarte de l'humanité toutes les embûches du démon, figurées ici par les monstres.

11° Sur le chapiteau suivant, un bœuf joue de la harpe; c'est la figure de l'Orgueil qui pousse l'homme à s'élever au-dessus de la condition où la Providence l'a placé. A côté, un homme monté sur un bouc nous symbolise la Luxure.

Autour du chœur nous avons, comme nous l'avons vu, six colonnes monocylindriques.

12° Le premier chapiteau du côté du nord nous présente quatre scènes: 1° Le baiser de Judas. — Pendant qu'il reçoit le baiser sacrilège du traître, Notre-Seigneur, reconnaissable à son nimbe crucifère, touche l'oreille de Malchus, qui se tient à genoux devant Lui. Tandis qu'un peu plus loin, saint Pierre, les pieds nus, brandit encore le glaive dont il vient de frapper le serviteur du grand prêtre. Des soldats portant des torches et des haches entourent ce groupe et se saisissent du Christ. Celui-ci est barbu et a les pieds nus. Judas, qui est un des treize Apôtres, a aussi les pieds nus comme saint

Pierre, mais les soldats et Malchus sont chaussés. — 2° Sur la face suivante, nous trouvons Jésus attaché à la colonne. Des soldats l'entourent; ils sont vêtus de cottes de mailles, à manches demi-courtes, s'arrêtant au milieu de l'avant bras, coiffés d'un casque conique à nasal et portent un écu arrondi au sommet et pointu par le bas. Ce bouclier est le même que celui que nous venons de signaler au neuvième chapiteau, mais ici, comme pièces d'armure, nous avons en plus des casques coniques et à nasal, qui rappellent beaucoup ceux de la tapisserie de Bayeux; 3° Dans le troisième tableau, c'est le Portement de la Croix. Notre-Seigneur porte une croix potencée ou autrement dite la croix de Jérusalem ou hospitalière (1); 4° Enfin sur la quatrième face, nous voyons l'incrédule Thomas mettre la main dans la plaie du côté du Christ ressuscité : « *Deinde dicit Thomæ: Infer digitum tuum huc, et vide manus meas, et apper manum tuam, et mitte in latus meum : et noli esse incredulus, sed fidelis* » (2). Cette scène se passe devant une sainte femme, elle est nimbée et a les pieds chaussés. C'est peut-être la Mère du Sauveur, qui ne quittait guère plus les Apôtres. Notre-Seigneur, Lui, et le disciple Thomas, ont les pieds nus, comme cela devait être pour les personnes divines, les Anges et les Apôtres. « *Nolite portare sacculum, neque peram, neque calceamenta* » (3).

13° Sur le treizième chapiteau, celui de la deuxième colonne isolée autour du chœur, nous avons trois scènes : 1° Un personnage vêtu, les pieds chaussés,

(1) Victor Gay : *Glossaire archéologique*, t. I, p. 502.

(2) Évangile selon saint Jean, cap. XX, v. 27.

(3) Évangile selon saint Luc, cap. X, v. 4.

tient fortement embrassée une colonne à chapiteau feuillagé. Un ange nimbé, pieds nus, et armé d'un glaive, le tient par le poignet, l'attire à lui et semble vouloir le défendre contre un homme barbu, coiffé d'un casque pointu, qui le tire en arrière par les cheveux et tâche de l'éloigner de la colonne. Sur celle-ci on lit l'inscription suivante : RĀNVLFO, disposée comme ci-contre. Les syllabes sont séparées par le bras, entourant la colonne. M. Mallay, architecte diocésain (1), a lu, je ne sais comment, RE..... MI.......FO, et prétend que c'est l'abréviation des mots : *Redde Mihi Fortitudinem*, paroles prononcées par Samson, au moment de renverser la colonne qui soutenait la salle du festin. De là, il conclut que notre chapiteau reproduit cette scène. Encore une fois, je ne vois pas comment il a pu lire cela. L'A est indubitable, la lettre N ne ressemble en rien à une M et L est très lisible. M. l'abbé Forestier, curé de Saint-Nectaire, qui a fait sur sa paroisse une monographie ne manquant pas de mérite, a lu comme moi RĀ—NVL—FO (2). Il hésite à dire, si ce sujet est une allusion au droit d'asile dont jouissaient nos églises au moyen âge, ou si c'est la représentation d'un fait historique oublié maintenant. *Ranulfo* ne serait-il pas un nom propre ? Ne serait-ce pas de saint Ranulfe dont il serait question ici ? Quoi qu'il en soit, nous constatons encore une

RĀ
NV
L
FO

(1) *Essai sur les églises romanes et romano-byzantines du département du Puy-de-Dôme*, p. 47.

(2) *L'Eglise et la Paroisse de Saint-Nectaire*, par l'abbé Forestier, p. 45.

fois la forme pointue du casque que nous voyons dans cette scène.

2° Sur le même chapiteau se trouve la Multiplication des cinq pains et des deux poissons. Notre-Seigneur est nimbé du nimbe crucifère, il est accompagné de quatre personnages nimbés, aux pieds nus, dont trois sont barbus. Les deux poissons sont dans un plat et quatre des pains, qui sont ronds avec une croix gravée dessus, sont tenus par les disciples. Jésus a le cinquième à la main et le bénit en levant deux doigts. Le sujet est clair et bien traité.

3° La Transfiguration occupe les deux dernières faces du chapiteau. Notre-Seigneur, au nimbe crucifère, porte une croix de résurrection ; il apparaît derrière un monument à abside arrondie qui lui cache le bas des jambes ; à sa gauche, près d'un autre édifice pareil au premier, se tiennent deux personnages nimbés dont l'un porte un phylactère avec cette inscription : BŌĪ EST NOS H : E : S SVI FĀIWS (*Bonum est nos hic esse, si vis facimus*). L'autre personnage porte sur une banderolle le reste du verset de l'Écriture (1) : TRIA TĀBNACVLĀ ·I· IE (*Tria tabernacula, tibi unum, Moysi unum et Eliæ unum*). Puis viennent trois autres personnages dont deux se reposent, et enfin un troisième monument en tout semblable aux deux autres. Ces trois petits édifices aux toitures très inclinées, aux ouvertures en plein cintre et aux pignons percés de roses circulaires représentent les trois tentes. Quant aux pieds des personnages, ils sont cachés, mais il est évident que nous avons là Moïse et Élie, et les trois apôtres Pierre,

(1) Évangile selon saint Mathieu, cap. XVII, v. 4.

Jacques et Jean. Ce fut Pierre qui, prenant la parole, demanda à Jésus de lui laisser faire trois tentes.

14° Au chapiteau suivant: 1° un personnage debout sur le bord d'une rivière fait un signe de commandement à un homme nu, aux cheveux hérissés, qui, tenant une rame, conduit une barque. Au-dessus un ange, dans un nuage, contemple la scène. C'est, nous dit M. l'abbé Forestier, la reproduction d'un miracle de saint Nectaire que nous raconte Messire Jacques Branche, dans sa *Vie des saincts et des sainctes d'Auvergne* : « Dieu ayant égard à sa vertu lui donna la puissance de commander au Démon. En effet, comme il alloit une nuict faire ses prières à un oratoire fort proche de la rivière du Tibre, il vit l'esprit malin en habit de mattelot qui était assis sur la poupe d'un batteau faisant semblant d'être là venu pour lui passer la rivière. Le Sainct qui le reconnut par révélation divine, luy dit : Pourquoi t'arrêtes-tu là, ennemy de la vérité ? n'est-ce pas pour tromper et perdre quelqu'un ? Je te commande par la vertu divine de Jésus de Nazareth crucifié que tu me passes la rivière sans offence ni danger : ce qu'il fit à l'instant ». Nous avons, en effet, dans ce tableau saint Nectaire arrivant au bord du Tibre, il commande au Démon représenté par ce personnage nu et au cheveux hérissés qui gouverne le bateau, et au-dessus est l'ange venant apporter au saint l'avertissement du Ciel. Saint Nectaire a les pieds nus comme un des apôtres, parce qu'il est considéré comme tel, allant porter comme eux la vérité aux peuples idolâtres.

2° A côté, deux personnages nimbés aux pieds nus se présentent d'abord ; l'un porte une croix de résurrection, pendant que l'autre lève la main et tient trois doigts relevés comme pour bénir. Entre eux deux, sur un plan plus reculé, se trouvent plusieurs personnages plus petits et aux pieds chaussés, dont l'un a les mains cachées sous un linge qu'il soulève. Nous avons là l'ordination de saint Nectaire par saint Pierre dont, nous dit Branche, il était le filleul. Pendant que le prince des Apôtres appelle les bénédictions du Ciel sur son disciple et sur sa mission, saint Nectaire brandit déjà la croix par laquelle il va convertir les montagnes de l'Arverne, et tandis qu'il écoute les conseils de son parrain, un de ses compagnons prépare les vêtements du nouveau prêtre.

3° La troisième face de ce chapiteau nous représente la résurrection de saint Nectaire par saint Pierre. Saint Nectaire, étant parti de Rome avec saint Austremoine pour aller évangéliser la Gaule, tomba malade en Toscane, à Sutrie, et, nous dit Jacques Branche, sa maladie fut « si violente qu'elle « lui tira l'âme du corps aux grands regrets de ses « compagnons qui, parmy leurs plaintes, avisèrent « entre eux que saint Austremoine s'en retournerait « vers le Saint-Père pour luy donner advis de cette « esclande et pour prendre ses ordres touchant leur « mission. Ce pieux pontife ayant reçu la nouvelle, « prit son chemin vers Sutrie, où s'estant mis à ge- « noux, ayant fait sa prière devant le tombeau pour « implorer l'assistance de Jésus-Christ notre Sau- « veur, voilà le défunt qui se voit remis en état de « vie dont il rend mille actions de grâces à Dieu ». Saint Nectaire est étendu là sur une espèce de lit formé de trois petites arcades de grandeur décroissante et soutenant une plate-forme en pente; le chevet est formé par un appendice relevé. Ces arcades semblent être en maçonnerie. A côté se tient saint Pierre. Il est nimbé, a les pieds nus et touche le mort avec une croix pour bien faire voir que c'est au nom du Christ qu'il ressuscite. Dans cette scène comme dans la précédente, saint Pierre ne porte pas ses clefs. Mallay voit là la résurrection de Lazare (1). Il oublie seulement que, sur les monuments du moyen âge, Lazare est toujours représenté enseveli à la mode juive, c'est-à-dire, enserré dans des bandelettes; c'était une tradition gardée des catacombes, et ici nous avons un mort vêtu d'une robe ample sans la moindre apparence de bandelettes, il a la figure découverte et les membres libres. De plus, l'Évangile nous dit que, quand Jésus arriva à Béthanie, Lazare était mort et mis dans son sépulcre depuis quatre jours : « *Et invenit eum quatuor dies jam in monumento habentem* »; et plus bas : « *venit ad monumentum; erat autem spelunca; et lapis superpositus erat ei* »; et encore : « .... *Dicit ei Martha*........ *Domine jam fætet, quadriduanus est enim* » (2). Et ici, est-ce que ce corps a l'air d'un cadavre en putréfaction, ne dirait-on pas plutôt un jeune homme endormi qui se réveille? D'ailleurs, où est la sépulture? où est la pierre soulevée? Il n'y en a pas trace. Enfin, si ce personnage portant la croix était le Christ, sa tête serait entourée d'un nimbe crucifère, au lieu qu'il n'a qu'un nimbe tout simple sans croix. Ce n'est donc pas la résurrection de

(1) *Essai sur les Églises romanes et romano-byzantines du département du Puy-de-Dôme*, p. 47.

(2) Évangile selon saint Jean, cap. XI, v. 17, 38 et 39.

Lazare que nous avons là, mais bien un autre miracle accompli par une toute autre personne que la personne divine, et ce tableau me semble bien, à moi comme à M. l'abbé Forestier, reproduire la légende de la résurrection de saint Nectaire par saint Pierre, et le personnage qui est à côté de lui est un de ses compagnons, peut-être saint Austremoine; il s'incline sous la bénédiction de saint Pierre.

4° Enfin, sur la quatrième face, nous avons encore un homme couché; il a les mains jointes, on ne voit pas ses pieds et un bâton est posé près de sa tête. Un autre homme nimbé, aux pieds nus et aux cheveux courts, le touche d'une main, tandis que de l'autre il lui présente une petite croix Au-dessus est un mur crénelé enfermant une église romane à abside semi-circulaire et transepts; sa croisée porte une tour octogonale, et un clocher carré s'élève sur le narthex; enfin des arcades simulées en ornent les murs. Elle ressemble beaucoup à notre église. Jacques Branche, dans la vie de saint Nectaire, dit que celui-ci guérit miraculeusement Brandule, fils d'un des plus nobles et des plus puissants seigneurs du pays; ne serait-ce pas la représentation de ce miracle que l'imagier aurait voulu nous donner? C'est l'avis de M. l'abbé Forestier (1), et je crois que c'est l'explication la plus plausible. Saint Nectaire serait là représenté, comme dans la première scène, les pieds nus, comme étant l'apôtre de l'Évangile dans nos montagnes; l'église qui est au-dessus de lui est son attribut de fondateur du monastère de Saint-Nectaire. Elle était enfermée dans l'enceinte

(1) *L'Église et la Paroisse de Saint-Nectaire*, p. 44

du château, voilà pourquoi nous voyons ces murs crénelés l'entourer. Le bâton qui est posé près de la tête du personnage couché est là pour nous rappeler que Brandule, après sa guérison, touché par la grâce, prit le bâton de voyageur, suivit saint Nectaire et alla, messager de la bonne nouvelle, évangéliser ces rudes montagnes.

15° Au quinzième chapiteau, nous avons la Résurrection des morts. Un ange, un bâton à la main, commande aux morts de sortir de leurs tombeaux. Ceux-ci, obéissant, se lèvent dans diverses attitudes; les uns sont âgés, d'autres jeunes. Ceux-ci ont de la barbe et portent les palmes de leur martyre, ceux-là sont imberbes avec les pieds chaussés, tandis que cet autre est sans chaussures. Plus loin est l'ange exterminateur, monté sur son cheval pâle et armé de trois flèches aiguës, dont il menace les derniers personnages que nous venons de voir; enfin vient l'archange saint Michel; il porte la balance qui doit peser les âmes et le livre où sont inscrites les bonnes et les mauvaises actions qui seront la matière du jugement.

16° Le chapiteau qui vient après fait suite à celui que nous venons de voir, c'est le Jugement dernier. Deux anges sonnent de l'olifant et tiennent chacun un phylactère. Sur l'un on lit : DISCEDITE, et sur l'autre : VENITE BEN. Un troisième ange, les pieds nus, porte le livre des évangiles avec l'inscription. C'est le code de la loi sur laquelle la sentence va être prononcée. Au centre s'élève une croix potencée qui domine tout; elle est soutenue par deux anges, dont l'un porte un phylactère avec encore ce mot terrible DISCEDITE. A

IO | AN
ES | IV
DI OS

côté, un personnage montre un livre ouvert, peut-être est-ce Moïse portant les tables de la loi? De l'autre côté de la croix, assis sur une arcade qui lui sert de trône, Notre-Seigneur porte les instruments de sa passion. Il est là, le Souverain-Juge, venu pour juger les bons et les mauvais. Aux uns il leur dit et leur répète cette parole terrible : *Discedite*, éloignez-vous, tandis que les autres, il les invite à le suivre par ces mots si doux : *Venite Benedicti*, venez à moi les bénis de mon cœur. Plusieurs personnages se pressent sur ce chapiteau, les uns, et parmi eux l'un porte la palme de son martyre, rayonnent de joie : ce sont les élus. Les autres, au contraire, appuyant leur tête sur leur main, ont l'air dolents, désespérés : ce sont les réprouvés.

Ces deux derniers chapiteaux sont pleins de variété et de vie, et leur sculpture, tout en n'étant pas très fine, est pleine d'expression. On est frappé par les divers sentiments qui se peignent sur toutes ces figures.

17° A la première face du dix-septième chapiteau, nous avons, en demi-relief, sous la forme d'un édifice oblong, un tombeau à deux étages. A travers les arcades en plein cintre on voit l'intérieur du sépulcre, il est vide, une lampe brûle suspendue à la voûte. Près du monument sont des soldats en cotte de mailles qui gardent le tombeau ; de l'autre côté, sur la deuxième face, un ange, les ailes éployées, est assis sur une pierre ; il parle aux trois femmes venues au sépulcre pour embaumer le corps du Seigneur et, leur annonçant la résurrection, il leur dit : *Nolite expavescere : Jesum quœritis Nazarenum, crucifixum : surrexit, non est hic, ecce locus ubi posuerunt eum* (1). Sur le quatrième côté, Jésus tenant une croix de résurrection descend aux Limbes, où se trouvent sur le devant Adam et Ève. De sa croix il renverse les portes de l'Enfer, tandis que des démons, aux barbes incultes, cherchent à retenir de leurs crochets à tridents les vantaux qui tombent malgré leurs efforts.

Il est à remarquer que les soldats que nous avons sur ce chapiteau sont toujours coiffés du casque conique à nasal et vêtus du haubert à manches demi-courtes s'arrêtant au milieu de l'avant-bras.

18° Au dix-huitième chapiteau, deux personnages relèvent leurs jambes de chaque côté d'eux et celles-ci se terminent par des feuillages. Du milieu de ces végétations se détache une tête à oreilles de chat et de la bouche de laquelle sortent des feuilles et des pommes de pins.

19° Appuyé au pilier du transept et couronnant une des colonnes qui lui sont engagées, nous avons un personnage à genoux, les jambes écartées, ayant pour tout vêtement un simple linge autour de la ceinture qui retombe en pointe sur le devant. Ses muscles sont très accusés et ont même un peu de raideur. Son col est pris dans une grosse corde qui, s'entortillant autour de ses jambes, va se terminer par une tête de monstre en arrière de deux personnages qui se tiennent de chaque côté de lui. Ceux-ci sont ailés, mais sans nimbe ; ils sont vêtus d'une upette et ont la chevelure hérissée et rejetée en arrière. Ces deux démons tiennent la corde d'une main et de l'autre, de peur de laisser échapper leur

(1) Évangile selon saint Marc, cap. XVI, v. 6.

victime ils la saisissent au poignet. Ils rient, en se moquant, de la crédulité de celui qui s'est donné à eux et même, pour bien montrer le mépris qu'ils en ont, un d'eux lui tire la langue. Le patient, que torturent ces démons, c'est le pécheur dont le vice est figuré par cette corde se terminant en monstre et qui lui interdit tout mouvement, comme son péché entrave en lui toute volonté de bien faire ; il est subjugué par ses tyrans, il se met à genoux devant eux.

Ces chapiteaux, tous sculptés en demi-ronde-bosse avec des traits très accusés, sont d'une belle ordonnance et d'une bonne composition, mais leur dessin laisse à désirer ; les proportions manquent quelquefois. Cependant les sujets ont été bien compris et l'exécution bien faite. Ils ont un beau relief, c'est plus que du bas-relief, c'est presque de la bosse. Ils sont d'un grand effet. Des restes de couleur nous prouvent qu'ils ont été peints, mais à quelle époque faire remonter ces peintures? Il se pourrait bien qu'elles soient de plusieurs dates et, en tout cas, il en reste trop peu pour qu'on puisse se prononcer ; mais ce serait sacrilège que de les toucher.

Outre ces quelques chapiteaux, nous en avons encore de diversement ornés de faucons, d'aigles, de lions et beaucoup de simples feuillages. Parmi ces derniers, il s'en trouve de très finement traités ; ils sont bien sculptés, profondément refouillés et d'une exécution parfaite.

Signalons encore, dans le bas-côté nord de la nef, un bas-relief incrusté dans le mur sous une arcade en accolade, et encore le retable du maître-autel en pierre et de la dernière époque gothique. Sur les côtés et sur le dos de ce retable sont gravées des inscriptions obituaires. En bas de l'église, sous le narthex, sont quelques débris trouvés lors des répations exécutées en 1876 par M. Bruyère, architecte des monuments historiques.

Quatre portes donnaient accès à cette église : une à l'ouest, qui était l'entrée principale; une autre au nord, qui donnait de la troisième travée de la nef dans le cimetière, et deux au sud, dont l'une s'ouvrait dans la troisième travée en face de celle du nord (actuellement elle est bouchée comme cette dernière), et l'autre dans le mur sud du transept. Une de ces dernières, probablement celle du transept, donnait dans le prieuré.

Le plein cintre de la porte ouest s'ouvre sans ornement, dans un mur droit, entre deux tours carrées et massives dont la base se confond comme alignement et maçonnerie avec le mur qu'elles accompagnent. Cette façade, construite tout entière en grand appareil, se compose donc d'abord d'un mur nu et uni qui monte ainsi jusqu'à la hauteur de la tribune. Là, le mur perdant de son épaisseur, forme un glacis en retrait d'où partent quatre contre-forts droits qui dessinent les tours.

Au milieu, au-dessus de la porte, une fenêtre amortie en plein cintre éclaire la tribune; plus haut, la partie centrale se termine en un pignon aigu, pendant que les tours, faisant un nouveau retrait, se dégagent de leurs contreforts et s'élèvent seules. A partir de là, elles n'ont qu'un étage qui, sur chaque face, est ajouré de deux baies geminées en plein cintre, séparées entre elles par une jolie colonne et ouvertes sous un même arc de décharge encore en plein cintre. On voit que cette façade occidentale se fait remarquer par sa grande simplicité, disons le mot, par sa nudité. Cette nudité si sévère, si grande des façades principales de nos églises, est un des caractères de notre école auvergnate.

Les murs nord et sud du monument sont semblables entre eux. Un peu en recul sur les tours de la façade qu'ils dégagent ainsi, ils n'étaient ornés que des quatre grandes arcades en plein cintre que soutiennent les contreforts droits et qui, accolées aux murs, dessinent extérieurement les travées des nefs. Au-dessus de ces arcades, un petit glacis allant rejoindre le mur les couronnait. Depuis les dernières réparations de 1876 par M. Bruyère, au-dessus du glacis, on a établi une série de petites arcatures groupées trois par trois. Dans celle du milieu de chaque groupe est une petite fenêtre en plein-cintre éclairant les tribunes. Ces quatre petites ouvertures s'ouvraient dans le nu du mur. Au-dessous de chacune des grandes arcades est percée, dans les nefs, une baie en plein cintre, qui a comme archivolte un simple cordon en saillie. A la troisième travée, comme nous l'avons vu en étudiant l'intérieur, la fenêtre manque ; elle est remplacée au nord et au sud par une porte. Ces portes sont rectangulaires et percées sous un arc de décharge en plein cintre. L'espace compris entre le linteau triangulaire et l'arc en plein cintre est, au midi, rempli d'une mosaïque tricolore, brun, noir et blanc, composée de scories du pays. A cette porte méridionale, il est en plus à remarquer que, comme à la porte sud de Notre-Dame-du-Port, l'arc de décharge ne retombe pas d'aplomb sur les pieds droits de l'ouverture qu'il couronne. Il semble qu'on l'ait coupé après coup pour faire place au linteau et refaire les montants. Tout cela est gauche et se raccorde mal. Évidemment cette porte, comme celle du Port, a été fortement remaniée postérieurement à la construction primitive.

Les bras du transept sont accompagnés à chacun de leurs angles de deux contreforts qui montent avec un seul ressaut, jusqu'un peu au-dessous de l'entablement où ils s'amortissent en un petit glacis. Leurs faces nord et sud sont percées d'une fenêtre en plein cintre et un cordon allant d'un contrefort à l'autre forme archivolte au-dessus d'elle.

L'abside est l'abside auvergnate dans toute sa splendeur, avec trois chapelles rayonnantes, des combles multiples couronnés de riches antefixes, des cordons de billettes courant un peu partout, le toit du déambulatoire formant un second gradin et semblant soutenir le mur circulaire du sanctuaire, un bandeau de mosaïque ornant la partie supérieure de ce mur de rosaces noires et blanches, puis le comble du chœur et enfin le massif barlong supportant le clocher octogonal qui domine le tout. Cet étagement, si plein de grâce et d'élégance, doit cet air svelte et élancé à tous ces combles qui émergent un peu partout de toutes ces toitures. Ils sont placés là surtout pour servir d'amortissement aux différents toits et empêcher leur pénétration dans celui qui les domine, ce qui serait disgracieux. En effet, les tourelles demi-circulaires des chapelles rayonnantes sont, pour donner plus d'élancement à l'ensemble, un peu hautes, et leurs toits, s'ils n'étaient arrêtés par ces petits combles, pénétreraient dans celui du déambulatoire qui, lui, pour dégager les fenêtres du sanctuaire, est obligé de s'arrêter un peu bas. Le mur de chaque chapelle est ajouré, comme nous l'avons vu, de trois fenêtres, et entre elles s'ouvrent les quatre baies qui éclairent le déambulatoire. Puis vient le mur du sanctuaire, percé lui-même de cinq fenêtres qui envoient une vive lumière dans tout le chœur. Toutes ces ouvertures sont en plein cintre et accompagnées d'un cordon de billettes qui, courant de l'une à l'autre, forment archivolte au-dessus de chacune d'elles. L'entre-deux des fenêtres du sanctuaire est orné de trois jolies colonnettes soutenant un entablement droit, et, au-dessus, court sur tout le mur le bandeau de mosaïque que je viens de signaler. Enfin, sur la croisée, au milieu de ce dédale de toitures, surgit le massif barlong qui surmonte l'intertransept et ses bas-côtés ; trois fenêtres en plein cintre le percent pour éclairer ses trois parties intérieures. Il sert de piédestal à une tour polygonale. Ce clocher, dont on avait détruit un étage en 1793, se compose, depuis 1877, époque où on l'a restauré, de deux étages en plein cintre géminés ; au deuxième étage, des colonnes engagées en dissimulent les angles. Sa flèche en maçonnerie de pierre de taille a été copiée sur celle que l'on voit sur la quatrième face du quatorzième chapiteau.

Toutes les toitures de l'église, et les trois nefs ne sont recouvertes que d'un seul toit à deux pentes, sont en pierre de taille à recouvrement et formant ainsi de petites marches. Elles reposent directement sur le rein des voûtes et sont terminées par une arête composée de cercles s'entrecoupant et ajourés dans la pierre de taille; cette arête est prise par un talon en pénétration dans le faîtage. La retombée de tous ces toits est reçue sur un entablement droit supporté par nos fameux modillons auvergnats à enroulements.

Rampant sur la pente nord du toit des nefs et accolé à l'ouest du massif barlong servant de soubassement à la tour de la croisée, on remarque une espèce d'appentis étroit, recouvert toujours en pierre de taille, qui contient l'escalier dont nous avons parlé plus haut. Celui-ci, après avoir nécessité pour son passage la coupole de la dernière travée du triforium nord, conduit au clocher central.

Quand j'aurai dit que toutes les ouvertures de cette église sont amorties en plein cintre et que leur ébrasement est tout à l'intérieur et jamais à l'extérieur, je crois que j'aurai signalé tout ce qui est intéressant dans la structure même de ce monument.

Quant à la date à assigner à la construction de cet édifice, ses proportions, ses colonnes monocylindriques soutenant des arcs en plein cintre et tous les détails de son architecture, nous la disent assez; mais nous avons mieux, les sculptures de ses chapiteaux nous la crient encore plus clairement, si c'est possible. Nous avons, en effet, remarqué en les étudiant que tous les boucliers que nous y avons trouvés étaient à sommet arrondi et pointus dans le bas; or, le grand écu pointu à sommet arrondi apparaît dans la deuxième moitié du Xe siècle, mais la seconde moitié du XIIe siècle « est une époque de transition, nous dit Victor Gay (1), pendant laquelle le sommet

(1) Victor Gay, *Glossaire archéologique*, t. I, p. 602.

abaisse peu à peu sa courbe supérieure pour arriver à la ligne droite et aboutir à un triangle à deux côtés arqués » ; au XIIIe siècle, nous dit-il encore ailleurs (1), « ce sommet devient rectiligne ». Pour les casques, nous avons vu que tous ceux qui sont représentés sur ces chapiteaux sont coniques et munis d'un nasal; or, le casque pointu s'adjoint un nasal au commencement du XIe siècle et, à la fin du XIIe, perd sa forme conique pour prendre celle d'un cylindre (2); « pendant les trente dernières années du siècle (XIIe), il commence à se transformer en cylindre (3), et son timbre va s'applatissant jusqu'à fournir le type que complète, en 1193, l'addition de la ventaille ou visagière et qui constitue l'espèce de heaume fermé particulière au siècle suivant (4) ». De plus, toutes les grandes croix que nous avons rencontrées dans ces sculptures sont potencées; or, la croix potencée, dite de *Jérusalem* ou *hospitalière* (5), ne fut connue qu'à partir de 1100, après la fondation, par Gérard de Martigues, de l'Ordre des Hospitaliers, dont elle fut d'abord le principal insigne et dont elle prit le nom, c'est elle qui, plus tard, se transformant, prit huit pointes et devint la croix de Malte. L'époque de construction de cette église est donc bien limitée entre le commencement du XIIe siècle, date de l'apparition de la croix potencée, et la fin de ce siècle, époque où le bouclier prend une ligne droite à son

(1) Victor Gay, *Glossaire archéologique*, t. I, p. 59.

(2) Quicherat, *Histoire du costume.*

(3) Victor Gay, *Glossaire archéologique*, t. I, p. 58.

(4) Id. *Ibid.*, t. I, p. 58.

(5) Id. *Ibid.*, t. I, p. 502 et l'abbé Crosnier, *Iconographie chrétienne.*

sommet. Mais, si les colonnes monocylindriques séparant les nefs et le faire général des sculptures semblent indiquer la seconde moitié du XIIe siècle, nous ne pouvons cependant pas faire redescendre notre monument jusqu'à ces dernières années, vu que cela nous est interdit par les casques coniques à nasal, qui, comme nous venons de le voir, n'étaient plus en usage depuis une trentaine d'années, par l'absence de ventaille, qui, à la fin du XIIe siècle, devient un accessoire obligé du casque, et enfin par la forme du haubert. En effet, depuis le XIe siècle, les manches d'abord courtes du haubert s'allongeaient et, à la fin du XIIe, les manches demi-courtes se terminant entre le coude et le poignet étaient chose absolument inconnue, elles étaient remplacées par des manches longues, terminées par des manchettes serrées autour des poignets (1). A cette même époque, le haubert lui-même s'allongeant par le bas dépassait les genoux et descendait jusqu'à mi-jambe. Enfin, des chausses à mailles protégeant les jambes étaient d'un usage assez général dès le commencement du règne de Philippe-Auguste, 1165 (2). Et ici, sur aucun de nos chapiteaux, les hauberts ne descendent au-dessous du genou, nulle part ils n'ont de manches longues et même celles-ci, s'arrêtant très nettement au milieu de l'avant-bras, laissent voir distinctement celles du vêtement de dessous qui viennent, elles, jusqu'au poignet. Pour les chausses à mailles, elles sont absolument inconnues à Saint-

(1) Lacombe, *Armes et armures.*

(2) Victor Gay, *Glossaire archéologique,* t. I, p. 58 et 351, et Lacombe, *Armes et armures,* p. 110.

Nectaire. Aussi daterons-nous cette église de 1150 à 1170, en admettant toutefois que la porte sud s'ouvrant dans la troisième travée a dû être retouchée à la fin du XIIe siècle et peut-être au commencement du suivant.

www.ingramcontent.com/pod-product-compliance
Ingram Content Group UK Ltd.
Pitfield, Milton Keynes, MK11 3LW, UK
UKHW020503230726
13925UKWH00005B/2081